Und so geht's:

Das Beispiel auf dieser Seite zeigt, wie du mit miniLÜK spielst. Diese Übung findest du auf Seite 4 und 5.

Öffne das miniLÜK®-Lösungsgerät und lege den durchsichtigen Boden des Lösungsgerätes auf die untere Übungsseite deines miniLÜK-Heftes.

Nimm Plättchen 1. und sieh dir Aufgabe 1. an

Dort siehst du Hanna neben Feld 1. Auf der unteren Seite in Feld 11 findest du Hanna wieder. Lege also Plättchen 1. auf Feld 11.

So spielst du weiter, bis alle 12 Plättchen auf dem durchsichtigen Teil des Lösungsgerätes liegen und keine Bilder mehr zu sehen sind.

Dann schließt du das Lösungsgerät und drehst es um. Wenn du das bei der Übung abgebildete Muster siehst, hast du alles richtig gemacht. Passen einige Plättchen nicht in das Muster, löst du diese · Übungen noch einmal. Stimmt es jetzt?

Und nun viel Spaß!

1 Nur ein kleiner Pieks?

Heute geht Hanna zum Impfen zur Kinderärztin. Ihr ist ein bisschen mulmig, denn sie hat Angst vor der Spritze. Gestern Abend hat Hanna mit Papa und Mama darüber gesprochen. Papa hat ihr erzählt, dass er früher auch Angst vor Spritzen hatte. Ihm hat es geholfen, wenn er an ganz andere Dinge gedacht hat und die Spritze nicht angesehen hat. Hanna hat sich vorgenommen, das auch so zu machen. Die nette Ärztin hat sie schon abgehört und Hanna musste lachen, als sie die Zunge ganz weit herausstrecken durfte. Dann erkundigt sich die Ärztin nach Hannas Freunden und plötzlich spürt Hanna einen Pieks. Sie ist ein bisschen empört, dass die Ärztin sie überlistet hat, aber als sie eine Medaille für ihre Tapferkeit bekommt, ist sie stolz auf sich.

Fragen zum Bild:

Wer ist auf dem Bild zu sehen?
Antwort: Auf dem Bild sind Hanna, ihr Vater und die Kinderärztin zu sehen.

Wo befinden sich die Personen?
Antwort: Die Personen befinden sich in einer Arztpraxis.

Geht Hanna zur Ärztin, weil sie verletzt ist?
Antwort: Nein, Hanna geht zur Ärztin, weil sie geimpft wird.

Wovor hat Hanna Angst?
Antwort: Hanna hat Angst vor der Spritze.

Weint Hanna, als sie geimpft wird?
Antwort: Nein, Hanna weint nicht.

Gesprächsanlässe:

Weswegen warst du das letzte Mal beim Kinderarzt?

Wer begleitet dich zum Arzt?

Hast du auch schon einmal eine Spritze bekommen?

Gibt es eine Untersuchung, vor der du dich fürchtest?

Überlege: Was kannst du tun, wenn du vor etwas Angst hast?

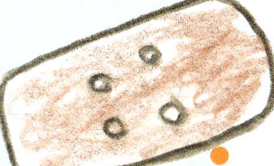

1 Nur ein kleiner Pieks?

Hanna hat Samira von ihrer Impfung bei der Ärztin erzählt.
Jetzt sind die Mädchen selbst Ärztinnen und behandelt ihre kranken
Kuscheltiere und Puppen. Samiras Puppe Lisa hat eine Erkältung.
Vielleicht ist es sogar eine Mandelentzündung?

Samira gibt ihr Hustensaft und Tee. Der Teddy ist hingefallen.
Hanna tastet ihn ab und legt ihm eine Mullbinde an.
Der Hase Hops hat schon eine Wärmflasche gegen seine Bauch-
schmerzen bekommen. Auch um alle anderen Patienten wollen
sich die Mädchen noch kümmern.

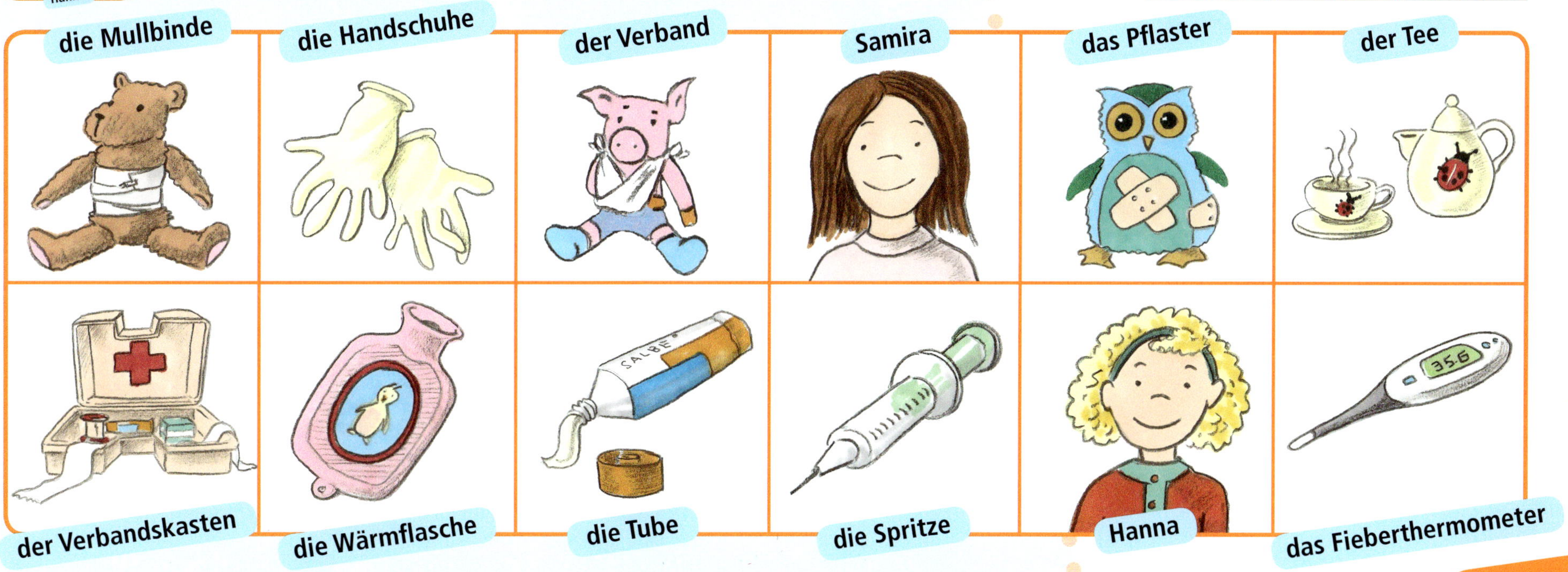

Hanna

die Mullbinde	die Handschuhe	der Verband	Samira	das Pflaster	der Tee
der Verbandskasten	die Wärmflasche	die Tube	die Spritze	Hanna	das Fieberthermometer

Finde die Dinge und Personen!

5

Die Kinder der Kita-Gruppe haben einen aufregenden Tag hinter sich. Sie haben einen Ausflug in den Wald gemacht. Der Förster hat ihnen viel über die Tiere und Pflanzen im Wald erzählt. Halle war ganz aufgeregt, als er einen Specht entdeckte. Samira und Aisha waren vom Wimmeln der Ameisen im Ameisenhaufen begeistert und Mika hat zum ersten Mal in seinem Leben eine Blindschleiche gesehen. Am Abend treffen sich alle mit ihren Taschenlampen noch einmal zu einer Nachtwanderung. Die Kinder sind aufgeregt und haben aber auch ein bisschen Angst. Welches Tier schreit dort in der Dunkelheit? Am Abend klingen alle Geräusche viel unheimlicher als am Tag…

6

Fragen zum Bild:

Wer ist auf dem Bild zu sehen?
Antwort: Auf dem Bild sind Kinder mit ihren Erziehern und einem Förster zu sehen.

Wo befindet sich die Gruppe?
Antwort: Die Gruppe befindet sich im Wald.

Ist es auf dem Bild Tag oder Abend?
Antwort: Auf dem Bild ist es Abend.

Was halten die Kinder in den Händen, um etwas sehen zu können?
Antwort: Die Kinder halten Taschenlampen in den Händen.

Welche Tiere kannst du auf dem Bild entdecken?
Antwort: Auf dem Bild kann man ein Wildschwein, Fledermäuse, einen Dachs, eine Eule, einen Fuchs und eine Maus entdecken.

Gesprächsanlässe:

Welche Tiere im Wald magst du besonders gern?

Vor welchen Tieren hast du vielleicht ein bisschen Angst?

Kennst du Tiere, die tagsüber schlafen und nachts wach sind?

Was können die Kinder der Kita-Gruppe tun, wenn sie sich abends im Wald fürchten?

2 Im Wald

1

2

3 schuhu

4

5

6

7

8

9

10

11

12

1. Samira darf mit dem Förster das Lagerfeuer entzünden.
2. Haile schnitzt.
3. Der Schrei der Eule ist nachts zu hören.

4. Welche Tiere sind hier entlanggelaufen?
5. Mika balanciert über den Baumstamm.
6. Haile tastet mit verbundenen Augen. Ist das Moos?

7. Die Kinder übernachten in einer Laubhütte im Wald.
8. Aisha läuft über den Barfußpfad.
9. Die Spinne hat ein großes Netz gebaut.

10. Die Kinder tauen noch über dem Boden.
11. Hanna überquert einen Bach.
12. Der Käfer sieht durch die Lupe riesig aus.

das Lager-

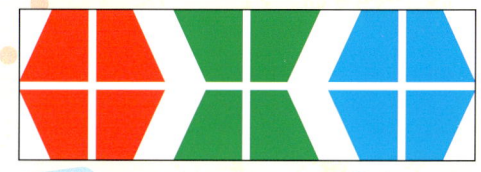

das Spinnennetz

die Eule

die Baumkronen

die Laubhütte

schnitzen

tasten

überqueren

balancieren

das Lagerfeuer

die Tierspuren

der Barfußpfad

der Käfer

Finde den vergrößerten Bildausschnitt!

9

3 Auf dem Weg zur Kita

Heute ist ein besonderer Tag für Daria. Sie läuft den Weg zur Kita zum ersten Mal allein. Gut, das erste Stück geht Mama mit, weil die beiden eine große Straße überqueren müssen, auf der viele Autos fahren. Darias Freund Malte läuft schon lange allein zur Kita. Darias Mama hat erklärt, dass Malte nicht wie Daria in einer großen Stadt wohnt und sein Weg deshalb für Kinder einfacher ist. Er muss keine großen Straßen überqueren, es gibt keine gefährlichen Kreuzungen und es fahren nicht so viele Autos. Am Kiosk verabschiedet sich Darias Mutter von ihr. Sie biegt hier nach links ab und geht zur Arbeit. Daria läuft alleine weiter. Von hier aus ist es nicht mehr weit. Sie muss noch rechts über die Brücke gehen und gegenüber der Schule an der Ampel eine Straße überqueren. Dann ist sie auch schon an der Kita angelangt.

Fragen zum Bild:

Wer ist auf dem Weg zur Kita?
Antwort: Daria ist auf dem Weg zur Kita.

Wohin geht Darias Mutter?
Antwort: Darias Mutter geht zur Arbeit.

An welcher Stelle trennen sich Daria und ihre Mutter?
Antwort: Daria und ihre Mutter trennen sich am Kiosk.

Ist die Ampel für Fußgänger rot oder grün?
Antwort: Die Ampel ist rot.

Gesprächsanlässe:

Gehst du allein zur Kita oder gibt es jemanden, der dich begleitet?

Gibt es auf deinem Weg Gebäude, die dir besonders auffallen?

Gibt es auf dem Weg zur Kita Stellen, die dir gefährlich erscheinen?

Überlege: Wann musst du im Straßenverkehr besonders vorsichtig sein?

11

3 Auf dem Weg zur Kita

1
Darias Haus
2
Zebra-streifen
3
Kino
KINO
5
Kiosk
4
Brief-kasten
12
Kinder-garten
KITA
11
Spiel-straße
10
Ampel
9
Daria
7
8
Schule
Polizist
6
Kirche

Darias Haus

1. Das ist Darias Haus.
2. Erst überqueren Daria und ihre Mutter den Zebrastreifen.
3. Auf der gegenüberliegenden Straßenseite ist das Kino.
4. Sie gehen am Briefkasten vorbei.
5. Am Kiosk biegt Darias Mutter nach links ab.
6. Daria geht über die Brücke auf die Kirche zu.

Darias Haus

7. Vor der Schule regelt ein Polizist den Verkehr.
8. Die Schule liegt auf der linken Seite.
9. Daria läuft auf dem Gehweg.

10. Die Fußgängerampel zeigt rot.
11. Das Verkehrsschild vor der Kita weist darauf hin, dass die Autos nur ganz langsam fahren dürfen.
12. Daria erreicht ihr Ziel: die Kita.

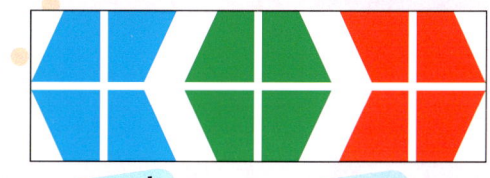

| der Zebrastreifen | die Kita | Darias Haus | der Briefkasten | das Verkehrsschild | das Kino |
| die Schule | die Kirche | die Ampel | der Verkehrspolizist | der Gehweg | der Kiosk |

Was passt zusammen?

4 Ich war's nicht!

Hanna kann das Spiel mit ihrem Vater heute nicht genießen. Sie wollte mit dem selbstgebastelten Puppenhaus ihrer Schwester Sophie spielen, als diese noch in der Schule war. Dabei hatte Sophie ihr das strengstens verboten. Hanna konnte aber nicht widerstehen – das Puppenhaus war einfach zu schön! Leider ist es kaputtgegangen, als Hanna es aus dem Regal zog. Hanna hat es wieder zusammengesetzt und hofft, dass Sophie nichts merkt. Jetzt kommt ihre große Schwester aber ins Zimmer gestürmt und ist sehr wütend. Hanna überlegt: Soll sie behaupten, dass nicht sie das Puppenhaus kaputt gemacht hat? Oder soll sie Sophie die Wahrheit sagen?

Fragen zum Bild:

Wer sitzt am Tisch?
Antwort: Hanna und ihr Vater sitzen am Tisch.

Was machen die beiden?
Antwort: Die beiden spielen ein Brettspiel.

Wer kommt ins Zimmer gestürmt?
Antwort: Hannas Schwester Sophie kommt ins Zimmer gestürmt.

Ist Sophie fröhlich?
Antwort: Nein, Sophie ist wütend.

Was hält Sophie in den Händen?
Antwort: Sophie hält ihr kaputtes Puppenhaus in den Händen.

Gesprächsanlässe:

Was könnte Hanna tun, damit Sophie nicht mehr böse auf sie ist?

Hast du schon einmal etwas kaputt gemacht, das dir nicht gehörte? Was war das?

Mit wem streitest du dich manchmal?

Was kannst du tun, damit ihr euch wieder vertragt?

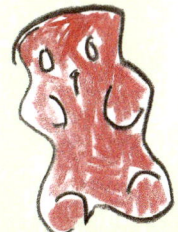

4 Ich war's nicht!

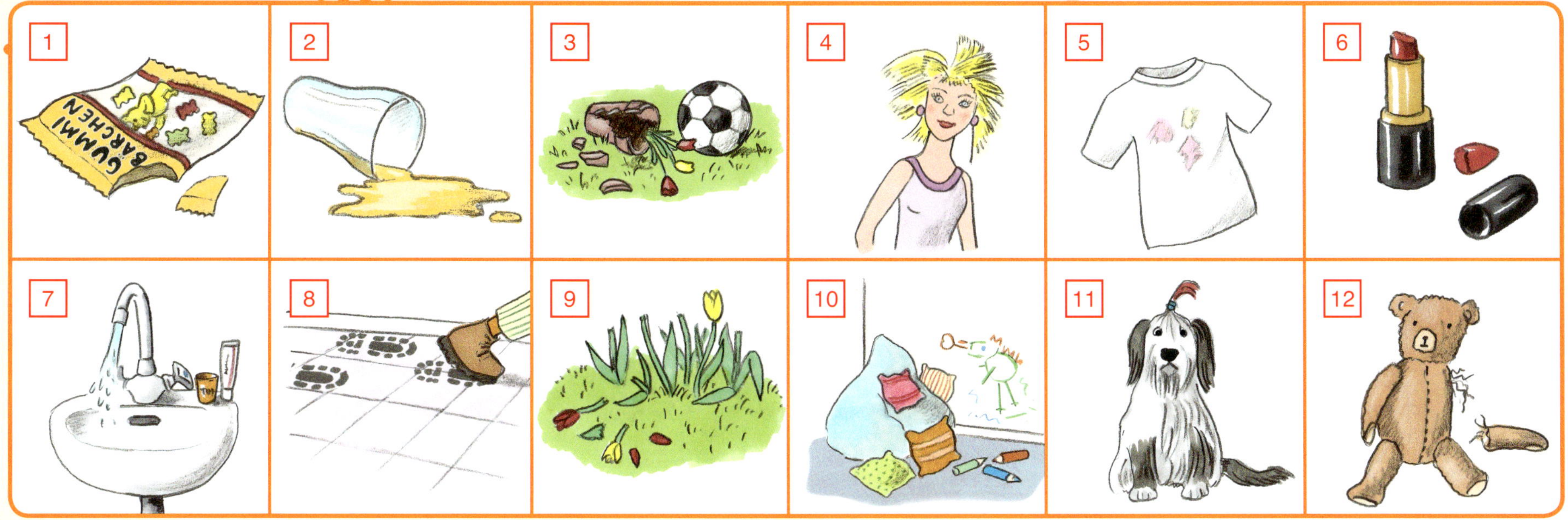

1	2	3	4	5	6
7	8	9	10	11	12

1. Wer hat die Gummibärchen aufgegessen?
2. Wer hat das Glas umgestoßen?
3. Wer hat den Blumentopf zerbrochen?
4. Wer hat der Puppe die Haare abgeschnitten?
5. Wer hat das T-Shirt bekleckert?
6. Wer hat Mamas Lippenstift kaputt gemacht?

7. Wer hat das Wasser laufen lassen?
8. Wer hat den Boden schmutzig gemacht?
9. Wer hat die Blumen abgerissen?

10. Wer hat an die Wand gemalt?
11. Wer hat den Hund frisiert?
12. Wer hat dem Teddy den Arm abgerissen?

Wer war's?

5 Das mag ich – das mag ich nicht!

Heute kommen Oma und Opa zu Besuch. Eigentlich freut sich Tom, weil er beim Quartettspielen fast immer gegen seinen Opa gewinnt und seine Oma ihm oft schöne Geschichten vorliest. Nur die Begrüßung möchte Tom schnell hinter sich bekommen. Oma hat die Angewohnheit, ihn ganz fest zu drücken und ihm einen feuchten Kuss auf die Wange zu geben. Dabei ist Tom doch kein Baby mehr! Er mag seine Oma, aber er möchte nicht immer geküsst und gedrückt werden. Tom überlegt:
Darf er einem Erwachsenen sagen, was er nicht mag oder ist das unhöflich? Wird seine Oma dann traurig sein?

Fragen zum Bild:

Wer öffnet die Tür?
Antwort: Mama öffnet die Tür.

Wer steht vor der Tür?
Antwort: Oma und Opa stehen vor der Tür.

Was hält Opa in der Hand?
Antwort: Opa hält einen Strauß Blumen in der Hand.

Welches Tier ist zu sehen?
Antwort: Es ist ein Hund zu sehen.

Möchte Tom von Oma geküsst und gedrückt werden?
Antwort: Nein, Tom mag das nicht.

Gesprächsanlässe:

Wie begrüßt du deine Oma und deinen Opa/deine Mama und deinen Papa?

Wie begrüßt du deine Freunde?

Wie begrüßt du Erwachsene, die du nicht so gut kennst?

Was magst du bei einer Begrüßung und was magst du nicht?

Überlege: Wie könnte Tom seiner Oma sagen, dass er nicht geküsst werden möchte?

5 Das mag ich – das mag ich nicht!

1. Hanna mag nicht wandern,
   aber sie liebt Stockbrot!

2. Tom mag nicht früh aufstehen,
   lieber kuschelt er mit Mama!

3. Haile streitet nicht gerne mit Mika.
   Gemeinsam Lego bauen ist besser!

4. Sophie bestimmt gerne.
   Gemeinsam entscheiden ist schöner!

5. Daria spielt nicht gerne allein.
   Lieber spielt sie mit Freunden!

6. Mika fürchtet sich vor Gespenstern,
   aber Superhelden mag er!

7. Natascha hat im Dunkeln Angst.
   Mit Licht schläft sie gut.

8. Mit dem schönen Kleid kann Samira nicht klettern, mit Jeans schon.

9. Haile hat Angst vor Hunden, aber Katzen mag er gerne.

10. Spinat ist nicht Leos Lieblingsessen, aber Eis isst er gerne.

11. Tom lässt sich von Oma nicht gerne küssen, lieber umarmt er sie kurz.

12. Mama wischt Aisha den Mund ab. Eine schöne Frisur ist ihr lieber.

Stockbrot machen

die Katze streicheln

zusammen spielen

Zöpfe flechten

klettern

Eis essen

gemeinsam entscheiden

Oma umarmen

Lego bauen

Geschichten lesen

kuscheln

Stockbrot machen

sicher schlafen

Was gehört zusammen?

21

6 Keine Angst vor Gespenstern!

Mika übernachtet heute bei seinen Groß-
eltern. Das mag er sehr, weil Oma und
Opa immer Zeit haben, mit ihm zu spielen.
Opa hat ihm gerade ein Kinderbuch vorge-
lesen. Opa war ganz begeistert, aber Mika
fand die Geschichte gruselig. Er mag Aben-
teuergeschichten, und auch vor Monstern
hat er keine Angst. Jetzt fürchtet er sich aber,
weil die Gespenster in der Geschichte so
genau beschrieben wurden. Oma bittet ihn,
eine Flasche Apfelsaft aus dem Keller zu
holen. Im Keller ist es dunkel und manchmal
hört Mika dort merkwürdige Geräusche.
Vielleicht spukt es ja? Eigentlich hat er
zu viel Angst davor, in den Keller zu gehen.
Soll er Oma sein Geheimnis verraten?

Hat sich hinter dem Bücherregal vielleicht ein Monster versteckt?
Zum Glück hat Oma eine Taschenlampe mitgebracht und im Licht sieht
alles ganz harmlos aus. Aber es ist noch ein anderes Lebewesen außer
Mika und Oma im Keller. Wer das wohl ist?

die Gardine

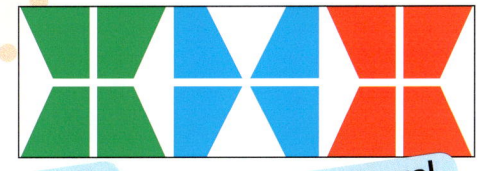

der Teppich	der Mülleimer	die Tür	der Schrank	die Flaschen	das Bücherregal
die Gardine	die Kommode	die Katze	der Hocker	die Blumenvase	der Reifen

Was gehört zusammen?

7 Eine Übernachtung in der Kita

Heute übernachtet Samira in der Kita. Als sie vormittags mit ihren Freunden in der Kita darüber gesprochen hat, waren alle ganz fröhlich und aufgeregt. Aber nun, kurz bevor Papa Samira in die Kita bringt, ist Samira ängstlich und hat keine Lust mehr, ohne Mama und Papa schlafen zu gehen. Papa liest ihr immer eine Gute-Nacht-Geschichte vor, und ohne Mamas Gute-Nacht-Kuss kann Samira nicht einschlafen. Papa merkt, dass Samira traurig ist. Gemeinsam überlegen sie, was Samira helfen könnte. Das vertraute Kuschelkissen muss auf jeden Fall mit, und der Teddybär hilft Samira sicher beim Einschlafen. Wenn sie dann noch neben ihrer besten Freundin Hanna liegt und die Erzieherin eine Geschichte vorliest, wird Samira hoffentlich etwas Schönes träumen.

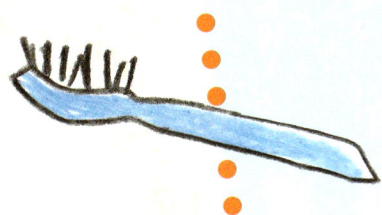

Fragen zum Bild:

Wer ist auf dem Bild zu sehen?
Antwort: Auf dem Bild sind Samira und ihr Vater zu sehen.

In welchem Zimmer sind die beiden?
Antwort: Die beiden sind in Samiras Zimmer.

Warum packen Samira und ihr Vater Sachen zusammen?
Antwort: Sie packen Sachen zusammen, weil Samira in der Kita übernachtet.

Was hält Samiras Vater in der Hand?
Antwort: Samiras Vater hält eine Zahnbürste in der Hand.

Was drückt Samira an sich?
Antwort: Samira drückt ihren Teddybär an sich.

Gesprächsanlässe:

Hast du schon einmal bei Freunden, in der Kita oder bei Verwandten übernachtet? Berichte!

Was packst du ein, wenn du nicht zu Hause schläfst?

Hast du ein Lieblingskuscheltier, das du mitnimmst? Welches ist es?

Was hilft dir beim Einschlafen?

7 Eine Übernachtung in der Kita

1	2	3	4	5	6
7	8	9	10	11	12

1. Die Kinder betrachten am Nachthimmel den Mond und die Sterne.
2. Aisha trinkt ein Glas Milch mit Honig.
3. Es ist schon spät. Mika muss gähnen.
4. Hanna hat ihr Nachthemd angezogen.
5. Haile putzt sich die Zähne.
6. Daria bringt zuerst ihre Puppe ins Bett.